自我介绍

自我评价

个人小档案

姓名：
年龄：
体重：
班级：
星座：

我的梦想

教学视频

Date:
Title:

为了实现自己的梦想，我要战胜心里的恐惧，主动迎接挑战！

——《夏小佐的脱口秀表演》

Date:
Title:

Date:
Title:

Date:
Title:

Date:
Title:

见面主动开口打招呼，是化解尴尬，拉近人与人之间距离的开场白。

——《哈，又学一招》

Date:
Title:

Date:
Title:

Date:
Title:

Date:
Title:

礼貌待人是中华民族的传统美德，小朋友从小就要养成讲文明、懂礼貌的好习惯。

——《"人来疯"夏小佐》

Date:
Title:

Date:
Title:

Date:
Title:

Date:
Title:

遇到麻烦或问题,向陌生人求助,是很聪明的做法。

——《喂,是110吗》

Date:
Title:

Date:
Title:

Date:
Title:

Date:
Title:

我们每个人都有一个平息怒火、化解矛盾的法宝，这个法宝就是"对不起"。

——《神奇的"灭火器"》

Date:
Title:

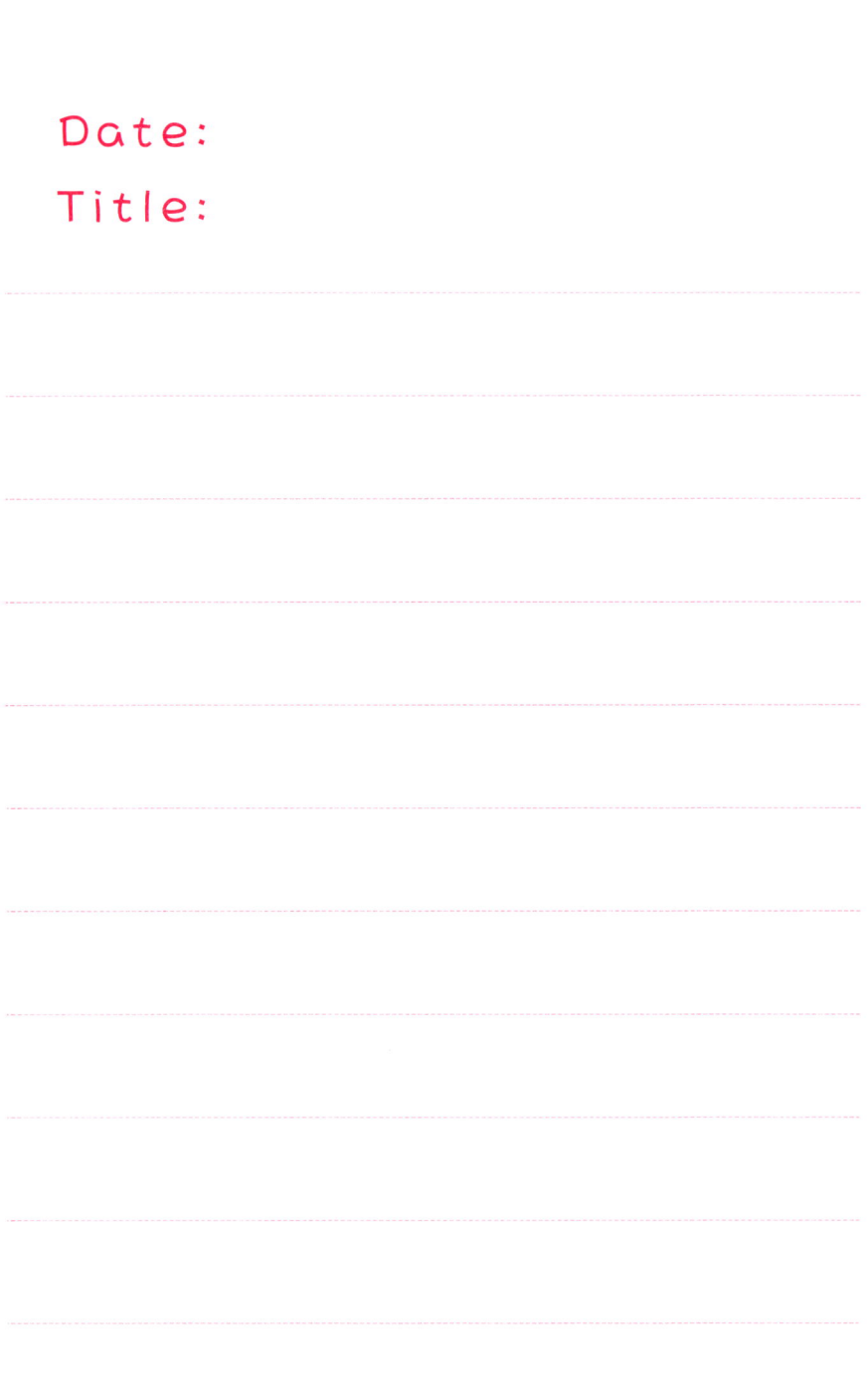

Date:
Title:

Date:
Title:

Date:
Title:

当别人讲话时,我们要仔细聆听,不要随意插话、打断别人。

——《你是"木头人"吗》

Date:
Title:

Date:
Title:

赞美和拍马屁可是两回事哦!

——《粽子大战》

Date:
Title: